Lk 3134.

LE CHATEAU DE HOHKŒNIGSBOURG.

MONOGRAPHIE,

LUE PAR

M. SPACH,

Président de la Société pour la conservation des monuments historiques d'Alsace,

DANS LA SÉANCE DU 11 FÉVRIER 1856.

STRASBOURG,
IMPRIMERIE DE VEUVE BERGER-LEVRAULT, IMPRIMEUR DE LA PRÉFECTURE.
1856.

LE CHATEAU DE HOHKŒNIGSBOURG.

Il n'est personne d'entre vous, Messieurs, qui ne connaisse le château de Hohkœnigsbourg. Ses ruines imposantes, situées sur la lisière même des deux départements, appartiennent à l'Alsace entière; j'ai pensé que je ne serai pas malvenu en vous communiquant, sur l'histoire de ces restes de notre moyen âge, quelques notes empruntées au riche dépôt dont j'ai l'honneur d'être le gardien. Ce serait tomber dans le lieu commun que d'insister sur l'intime corrélation entre les monuments et les chartes ou les titres écrits; ils s'expliquent les uns les autres; ils se servent de commentaire mutuel. Les pierres d'un édifice ne sont que les témoins muets des siècles; leur vie est dans les annales qui relatent les faits de ce passé séculaire. D'un autre côté, une charte, quelque intérêt que présente son contenu, se colore d'un reflet inaccoutumé, lorsqu'elle s'applique à une localité connue, dont toutes les traces ne sont pas encore effacées du sol. Veuillez donc, Messieurs, accueillir sans trop d'impatience l'analyse succincte d'une série de titres, en grande partie inconnus et inédits, relatifs à Hohkœnigsbourg.

Il demeure bien entendu que, vos moments étant comptés, je ne vous donne point ici une monographie étendue et complète du château; je me bornerai à rappeler sommairement les points principaux de son existence, antérieurs au 16ᵉ siècle; mais arrivé sur un domaine et dans un temps qui m'est plus spécialement connu[1], je serai plus explicite. Vous ne venez point ici chercher les émotions que la poésie, le conte et le roman essayent de faire naître à la vue de ces

---

1. Les *fiefs* de l'Intendance d'Alsace (série C, carton 54, travée 54) renferment une série de titres du 16ᵉ siècle, relatifs au château de Hohkœnigsbourg.

demeures seigneuriales; la réalité vous suffit; je m'appliquerai à la reproduire, simple et austère; je compte toutefois sur l'intérêt qu'inspirent d'eux-mêmes les détails et les noms, lorsqu'ils se rattachent à une grande époque historique et à un édifice aussi princier que celui dont je vais vous entretenir.

Schœpflin et Schweighæuser se sont occupés sommairement de Hohkœnigsbourg; je tiens en main une monographie descriptive, inédite, de feu le docteur Pfeffinger, historien de Hohenbourg, et un autre manuscrit dû à l'un de nos collègues (M. Heitz), qui en a donné lecture, il y a treize ans dans un cercle modeste, précurseur de la réunion à laquelle je m'adresse en ce moment.

Moi-même, j'ai, il y a bientôt vingt ans, inséré dans un vaste recueil contemporain, une notice littéraire sur Hohkœnigsbourg (Encyclopédie des gens du monde; tome XIV, p. 133 et suiv.). J'ai donc, par devoir, examiné et comparé à plusieurs reprises les données diverses sur l'origine de ce château; mais de cet examen est résulté pour moi la conviction, qu'il en est du point de départ de ce monument royal, comme de celui de la plupart des grandes familles et des grands édifices; il se perd dans la nuit des temps; nous en sommes réduits, sous ce rapport, à des hypothèses plus ou moins acceptables.

Que la fondation de Hohkœnigsbourg appartienne aux Romains, aux rois francs, aux empereurs de la maison de Souabe, ou bien aux ducs de Lorraine descendants du duc Etticho d'Alsace, peu importe pour le but que je me propose en ce moment; j'écarte à dessein les recherches sur une origine contestable et contestée; je me place au milieu du 13ᵉ siècle, époque à laquelle le château apparaît pour la première fois d'une manière précise, comme fief lorrain, tenu par les de Werde, landgraves d'Alsace, et après la mort du landgrave Henri (1238), temporairement par Cunon de Bergheim[1].

Les Rathsamhausen paraissent avoir été propriétaires ou tenanciers féodaux d'une partie du château de Hohkœnigsbourg en 1267. Dans une charte datée du 22 septembre de cette année, chacun des membres de cette noble famille s'engage à ne point donner ni aliéner une partie quelconque du château sans le consentement préalable de tous les autres membres[2].

Quoi qu'il en soit, les comtes d'Œttingen, héritiers du landgraviat d'Alsace, par un arrangement passé avec les derniers de Werde, les comtes d'Œttingen disposèrent du château de Kœnigsbourg, en 1359, en faveur de l'évêque

---

1. Voir Schœpflin, *Als. dipl.*, 1, p. 539, et *ill.*, II, p. 130, 533.

2. Schœpflin, en faisant allusion à cette charte, croit qu'il s'agit du château situé au-dessus du village de Kintzheim *(Kunigsheim)*, qui fut engagé 21 ans plus tard aux Rathsamhausen par l'empereur Rodolphe de Habsbourg. Voir Schœpflin-Ravenèz (V, p. 594 et 801). — Je ne sais sur quelle hypothèse plausible se fonde cette assertion. Le texte de la charte que je donne ici en entier est trop explicite pour laisser subsister un doute.

« *Noverint omnes tam presentes quam futuri quod nos de Racenhusen, Ego Fridericus et filius meus Fridericus et ego Philippus et filius meus Hartmannus et ego Hartmannus et filii mei Ulricus et Hartmannus pro nobis et pro liberis nostris quos jam habemus vel habituri sumus jurati promisimus quod hoc fideliter servabimus quod scriptum sequitur, videlicet quod quilibet nostrum predictorum de porcioneque eum contingit in castro* Kunegesberc *cum suis attinentiis nihil faciet sine consensu omnium predictorum hoc est ut nulli alienet a nobis nec det neque vendat nisi inter nos pacto predicto in eadem porcione manente.*

« *Et si aliquem ex nobis contingeret mori sine liberis ad quos hereditas predicte porcionis devolvi haberet* (sic); *vel si vivens predictam hereditatem ulterius de jure possidere non deberet, tum predicta hereditas devolvetur ad alios omnes qui in predicto pacto comprehensi sunt. Omnia eciam predicta servabuntur a liberis nostris et eorum successoribus. Ut autem predicta maneant firma presentem cedulam sigillis nostris fecimus roborari. Testes sunt hujus domini dicti Snellones et b..... de brunner et plures alii. Acta sunt hec 1267. Indictione decima.* »

Au dos de la charte dont les sigilles manquent : *Hohenkunigsperg das slos.*

de Strasbourg (alors Jean de Lichtenberg). Le duc Jean de Lorraine, n'ayant pas même été consulté pour cet acte de cession, il s'ensuivit, pendant une vingtaine d'années, des tiraillements entre la maison de Lorraine et les prélats de Strasbourg. Des inféodations du château furent accomplies en dépit de l'évêque (en 1365 et 1369, à Burkard de Fénétranges); un moment Hohkœnigsbourg, arraché à Lambert de Buren, successeur de Jean de Lichtenberg, fut même engagé par le prince lorrain au duc de Wurtemberg; mais le prélat Fréderic de Blankenheim l'arracha de nouveau, par voie d'échange, à ces mains étrangères, et dès lors les évêques restèrent pendant un siècle les seigneurs féodaux de la pittoresque forteresse (de 1370 à 1480).

Le 15e siècle était, vous ne l'ignorez pas, Messieurs, une époque d'anarchie sans exemple. Hohkœnigsbourg n'échappa point à l'état général des choses; ce château était trop bien situé sur le bord et au-dessus de la grande voie de communication entre la Suisse et la vallée moyenne du Rhin pour ne pas devenir l'asile de quelques caractères audacieux. Comment était-il arrivé, en dépit de l'autorité épiscopale, que des brigands cuirassés s'y soient établis? je l'ignore, mais le fait est positif. Vers 1454, une nichée de gens de sac et de corde, qui se disaient chevaliers, occupait Hohkœnigsbourg, et venait fondre sur les marchands qui allaient de Bâle à Strasbourg et à Francfort, ou qui en revenaient. L'image des oiseaux de proie qui s'abattent du haut de leurs aires, appliquée à ces bandes, quelque rebattue qu'elle soit, est cependant la seule exacte. J'ai le regret de rappeler que le bailli de Markolsheim, Gauthier de Dhan, de concert avec ces brigands, se rua sur une compagnie de noces, composée d'une centaine de personnes qui, de Fribourg-en-Brisgau, se rendaient à Colmar. Il s'ensuivit une scène, digne à la fois des pinceaux de Breughel et de Teniers. Mais l'attentat ayant porté sur des gens de qualité, l'indignation publique se fit jour. Des milices venues de Strasbourg, Colmar et Schlestadt, sous la conduite de Jean et d'Antoine de Hohenstein, allèrent assiéger Hohkœnigsbourg, où les voleurs s'étaient réfugiés avec leur butin. Grâce à un compromis, ils eurent la vie sauve; les conquérants vendirent le château, et l'année suivante d'autres chevaliers pillards y avaient de nouveau fixé leur résidence. C'était à recommencer.

On toléra encore pendant quelques années ces incroyables exactions, lorsqu'en 1462[1], de notables citoyens de Strasbourg, allant à Bâle, furent pillés par les bandits de Hohkœnigsbourg, parmi lesquels figurait un enfant prodigue, Adam Riff, le fils d'un ammeistre de Strasbourg. Ce fut de nouveau un cri de réprobation universelle; tout le pays prit les armes pour mettre à la raison cette poignée de vauriens qui bravait les lois dans son repaire inaccessible à des forces isolées. Pour le coup, l'évêque de Strasbourg, le sire de Ribeaupierre, l'archiduc Sigismond d'Autriche firent cause commune avec les villes. Strasbourg fournit sa formidable artillerie, et du haut d'une éminence, située au midi du château, on se mit à le canonner pendant cinq jours (du 22 au 27 octobre). La garnison se rendit à discrétion, et ne fut cependant pas pendue ; on se contenta de détruire en partie le château, qui fut remis entre les mains de l'archiduc d'Autriche.

Les bandits délogés et réfugiés je ne sais où, eurent l'audace, quatre ans à peine après cet événement, d'envoyer un défi à ce prince lui-même. Il ne paraît pas qu'il ait tenu compte de cette bravade, car en 1480, après avoir résisté d'abord aux injonctions et à un arrêt de l'Empereur Fré-

---

1. En 1472, d'après d'autres données.

deric III (de 1479), il inféoda le château aux frères Oswald et Guillaume de Thierstein et prescrivit aux Strasbourgeois, chose humiliante! de relever la forteresse ruinée et de ne point troubler les nouveaux feudataires.

La charte originale[1] rappelle les circonstances qui ont fait tomber le château dans ses mains (*nach dem wir mit samt andern das Schlos Hohenkœnigsperg erobert, zerprochen, und zu unsern handen bracht haben*), et énumère les services qui ont valu cette récompense aux Thierstein[2].

Cinq ans plus tard l'empereur Fréderic III déclare[3] que le château de Kœnigsbourg relevera à l'avenir de la maison d'Autriche et non de l'empire; et en 1501 l'empereur Maximilien I confère le même fief *(Burgstall et Schloss)* à Henri de la même famille de Thierstein.

Il est donc constaté, de toute manière, qu'à l'entrée du 16e siècle, la maison d'Autriche avait le domaine direct de ce château fort; aussi devait-il tenter les ennemis intérieurs de la famille de Habsbourg qui grandissait de ce moment à vue d'œil, et fondait avec une légitime satisfaction, sa puissance sur l'ordre public rétabli par ses soins.

Au nombre des adversaires allemands de Maximilien, figurait en première ligne, *l'Electeur palatin,* Philippe, alors encore préfet de la Décapole alsacienne *(Landvogt im untern Elsass).* Son lieutenant ou sous-préfet *(Unterlandvogt)* Jacques de Fleckenstein, résidant à Haguenau lui transmet

---

1. Intendance d'Alsace. Fiefs. Carton 54, article 3, n° 5.
2. Il confère le *Burgstall* et le *Schloss*, à titre de fief, au comte Oswald de Thierstein pour services rendus comme commandant supérieur et Landvogt en Alsace, pendant la guerre contre Charles-le-Téméraire, et à son frère Hermann, pour services rendus et encore à rendre à la maison d'Autriche. — Les Thierstein descendaient d'une très-ancienne famille originaire du Frickthal (canton d'Argovie). Le père d'Oswald, le comte Jean, avait été landvogt autrichien en Alsace et protecteur du concile de Bâle.
3. Charte de 1485, carton 54, art. 3, n° 6.

à la date du dimanche *Lætare* 1504 le rapport d'un ingénieur, Albert de Berwangen, « qui se fait fort de prendre Hoh-
« kœnigsbourg au nom de l'électeur, pourvu qu'on lui
« donne une troupe résolue, à la tête de laquelle il puisse
« s'emparer de ce qu'il appelle *le vieux château*. Une fois
« maître de ce point, il serait facile d'incommoder le château
« neuf, en construisant une terrasse, sous laquelle on
« s'abriterait; le vieux château d'ailleurs est protégé par
« quatre murs transversaux, derrière lesquels on ne pourrait
« inquiéter les assaillants. » Tels sont les termes curieux de la dépêche de l'Unterlandvogt; la pièce jointe de l'ingénieur est plus curieuse encore, mais plus confuse, et plus difficile à saisir en son entier. Albert de Berwangen « fixe le chiffre du secours, dont il aurait besoin, à trois cents hommes, qui devront être composés en partie de charpentiers et de maçons. Une fois le vieux château pris, on y placerait des couleuvrines et des apparaux grands et petits, derrière le parapet. De cette façon il serait facile d'abîmer la porte de Hohkœnigsbourg et de dominer les quatre ou cinq chemins qui aboutissent au château fort. La terrasse ou l'avance déjà mentionnée dans la dépêche de Fleckenstein, est indiquée ici, comme devant être éventuellement établie à l'étage du milieu, pour offrir sous son couvercle un abri aux tireurs. Derrière le vieux château, il faudrait aussi établir une tranchée (*einen Laufgraben*) sur le revers de la montagne du côté de St.-Hippolyte, et y construire un blokhaus de fortes bordures (*von starken bræmen*); de cette manière on intercepterait toute communication de la garnison avec le dehors. »

Ces pièces que j'emprunte au fonds de la préfecture de Haguenau [1] sont isolées; évidemment l'électeur, bientôt après dépossédé de la landvogtey de Hagenau, n'a pas cru

---

1. Liasse I du fonds de la préfecture de Haguenau, n° 41, ou liasse 299 de la série C, n° 41. (Voir les deux titres transcrits p. 47 et 48.)

devoir ou n'a pu donner suite à une proposition aussi aventureuse. Mais il en résulte pour nous la constatation de l'existence d'un fort, appelé au 16ᵉ siècle *l'ancien castel*, presque contigu à l'enceinte du grand château reconstruit par et pour les Thierstein, vers la fin du 15ᵉ siècle [1].

Le fief autrichien de Hohkœnigsbourg ne resta pas même quarante ans entre les mains des Thierstein. Dès 1547, Henri de Thierstein [2] offre de vendre ses droits à l'empereur Charles V, pour la somme de 12,000 florins, payables en trois annuités, sous condition toutefois de rester usufruitier, sa vie durant, du château ainsi que du village d'Orschviller qui en dépendait; il réserve de plus le droit de rachat ou de retraite à sa postérité mâle, s'il devait lui en survenir. L'acte de vente fut réalisé en 1518, aux conditions relatées dans le projet; de plus, le vendeur obtenait une pension de 600 florins, à titre de gardien du château et éventuellement 200 florins de pension pour sa veuve.

Henri de Thierstein mourut bientôt après la signature de l'acte et avec lui s'éteignit cette antique famille, originaire du Frickgau, qui remontait aux premières années du 12ᵉ siècle.

La maison d'Autriche établit dès lors à Hohkœnigsbourg une série de gouverneurs ou de châtelains, tels que: Armstorffer (en 1521); Martin de Thann (en 1522); Urbain de Landeck (en 1527); Jean Henri de Landeck, son frère (le

---

1. Ce vieux château dont les vestiges sont à peine visibles aujourd'hui, au sud-ouest de Hohkœnigsbourg, est mentionné, dans le manuscrit de Pfeffinger, comme étant muni d'une tour carrée en ruines, entourée d'un fossé dont l'un des talus est formé, à l'est, par le roc vif. Le vieux château lui-même était construit en pierres de taille massives. Il servait, selon Pfeffinger, d'ouvrage extérieur, et se trouvait assis sur la route qui de Hohkœnigsbourg conduit dans le val de Villé.

2. Carton 54 de l'Intendance, nᵒˢ 18 et 19. Il vendait, par la même occasion, la dîme, le droit de patronage et une cour ou ferme à Oberbergheim, le tout pour une somme de 3,000 florins et sous réserve d'usufruit viager. (Même acte de vente de 1518.)

22 août 1529); et en 1530, Fréderic de Fridingen. La lettre de nomination [1] confère à ce dernier le titre de capitaine commandant, et lui attribue tous les revenus et toutes les servitudes du château (*Einkommen und Roboten*). Le gouverneur au surplus n'a pas ses coudées franches; pour toute affaire grave, il aura à référer à la régence autrichienne d'Inspruck, pour toute affaire urgente à celle de la haute Alsace à Ensisheim; il aura à faire les réparations et les constructions nécessaires, aux frais toutefois du seigneur suzerain, et après lui en avoir donné avis. En cas de non-paiement de son salaire de capitaine, le château lui demeurera à titre de gage. Il tiendra le château toujours ouvert pour le service de son suzerain; s'il s'absente, il donnera le commandement à un *Untervogt* ou lieutenant assermenté, qu'il entretient à ses frais; il fait prêter serment à tout arquebusier et tout servant d'armes, admis par lui dans le château.

Dans le cas, où il serait fait prisonnier, lui ou son lieutenant, et conduit en face du château, la garnison ne le laissera pas entrer, mais tirera au besoin sur lui.

Dans le cas où son suzerain lui redemanderait le château et le village d'Orschwiller qui en dépend, il les rendra sur l'heure, avec tout ce que contient le château, en fait de munition et de mobilier (*fahrender Habe.*)

Voici les personnes, les chevaux et les ânes qu'il aura à entretetenir; je les cite dans l'ordre établi par la lettre de dénomination : un servant d'armes *(einen geraisigen Knecht)*; un garçon d'écurie *(ein pueben)*; trois chevaux, un maître arquebusier; un cellerier; un cuisinier, un garçon de cuisine; un boulanger *(phister)*; deux âniers et quatre ânes pour amener les provisions de bois *(das schloss ze behulzen)*; six gardiens, un gardien de jour sur l'échauguette ou le lan-

---

1. Carton 54 de l'Intendance, n°s 9 et 10.

ternon, (*ein tagwæchter auf dem gugger*[1]); un portier, un maréchal-ferrant, un chapelain; deux servantes pour prendre soin de la literie, du linge et du mobilier.

L'entretien de toutes ces personnes, au nombre de vingt et une, ainsi que des chevaux et des bêtes de trait est à la charge du capitaine qui jouit d'un traitement de 800 florins.

Si les circonstances amenaient la nécessité d'augmenter la garnison ou les gens de service, l'Autriche en ferait les frais.

La maison d'Autriche confie aussi à Fréderic de Fridingen l'avouerie de Bergheim où il entretiendra un Untervogt, chargé de percevoir les rentes en vin, en blé, les amendes, l'impôt sur les juifs, en un mot toutes les redevances. Il entretiendra aussi la cour dîmière et ce qu'il prendra à Bergheim en vin et en blé pour l'usage du château sera défalqué, au prix du marché[2], sur son traitement.

Un brevet, délivré par Ferdinand, roi des Romains, à la date du 6 juillet 1530, complète ces dispositions, en permettant à Fréderic de Fridingen d'employer en temps ordinaire un sous-gouverneur de naissance roturière; mais en cas d'absence du capitaine, le sous-gouverneur ou lieutenant devra être noble d'extraction.

De ce document relatif à la nomination de Fréderic de Fridingen, ressort un fait que vous avez sans doute remarqué, c'est le petit nombre des hommes d'armes qui forment la garnison de Hohkœnigsbourg. Plus tard, dans la guerre de trente ans, la même circonstance se reproduira, et vous devez vous rappeler que lors du siége de 1462, c'était aussi un très-petit nombre d'aventuriers, qui du haut de ces murs dominaient le pays.

1. Le gugger ou gucker, s'il est placé à l'angle d'un mur en forme de guérite, s'appelle *échauguette*; au haut d'une tour, lorsque le gugger abrite l'escalier en spirale qui y conduit, il s'appelle *lanternon*.
2. Carton 54, n° 11.

L'énumération du personnel du château met en saillie une particularité de nature à effacer le vernis romanesque dont l'imagination aime à couvrir ces demeures ruinées. Au lieu de ces belles châtelaines et de leurs suivantes que la fiction toujours et l'histoire quelquefois placent dans les salles de chevaliers, que trouvons-nous à Hohkœnigsbourg en 1530? deux femmes de peine, *une lingère et une servante* !

De même, en 1460, pas de mention de figure féminine au milieu de ces bandits! Il est vrai, le beau temps de la féodalité était passé, et nous sommes toujours libres de croire, qu'au siècle des Hohenstauffen, lorsque *«la maison de Kœnigsbourg (das hus ze Kœnigsburg)»* portait dans les documents le nom poétique d'Estuphin *(le stauffen,* la montagne au calice), des formes gracieuses paraissaient dans les embrasures cintrées de cette royale demeure [1].

Hohkœnigsbourg ne resta pas longtemps confié à Fridingen; en 1533, le château passa à titre d'engagement, toujours sous la suzeraineté autrichienne, à Schweigkart, Jean et François Conrad de Sickingen, fils du célèbre François de Sickingen qui payèrent 1,800 florins de pfandschilling au sieur de Fridingen, et 1,300 florins à l'archiduc Ferdinand [2].

Hohkœnigsbourg resta pendant quatre-vingt-trois ans entre les mains de ces engagistes, et dans ce long intervalle

---

1. Ni les gouverneurs, ni les seigneurs engagistes n'habitaient eux-mêmes, en temps ordinaire, le château.

2. Voyez lettre de la régence d'Ensisheim à celle d'Inspruck, n° 12 du carton 54 de l'Intendance. Les trois frères de Sickingen sont nommément indiqués. — Iselin donne une autre descendance à François de Sickingen. Selon lui, il n'aurait eu qu'un fils, François-Conrad, et celui-ci aurait eu cinq enfants, parmi lesquels Jean et Schweigkart. Il y a là évidemment une inexactitude. Les documents de l'Intendance devront faire foi contre le savant, qui a pris ses renseignements de seconde main.

le capital provenant du gage fut successivement grossi de plusieurs autres dettes contractées par l'Autriche envers les Sickingen.

En 1536, à la date du 11 mars, l'empereur Ferdinand leur accorde 200 florins de solde de capitainerie, et 1,000 florins pour frais de construction; en mars 1558 et avril 1559, François Conrad de Sickingen obtient du même empereur l'addition d'une somme de 3,000 florins, pour décompte de munitions livrées par son père François de Sickingen à l'empereur Charles V sous les murs de Mézières [1].

Mais hors de ces questions d'intérêt, aucun événement guerrier de quelque importance ne signale la capitainerie des Sickingen[2]; et l'on est tout surpris de voir ce nom, qui dans les guerres de la réforme prend une si grande place, s'éclipser pour ainsi dire dans ce rôle de feudataire de l'Autriche. On se demande ce qu'aurait fait François de Sickingen, cet homme bardé de fer et dévoré par une ambitieuse activité, s'il s'était trouvé entre ses mains un gage de la valeur de ce château fort, lui qui dans ses petits castels du Palatinat avait défié tant d'adversaires puissants.

Si ses fils et petits-fils n'ont point marqué dans l'histoire générale du pays, ils ont au moins le mérite d'être restés fidèles à leur serment de vassal, et d'avoir préféré leur honnête obscurité à la gloire aventureuse et sanglante de l'ami de Hutten et de Gœtz de Berlichingen.

En 1605 et en 1606 commence pour le château de Hoh-

---

1. Voir Obligation ou lettre de gages souscrite par l'empereur Ferdinand, le 17 mars 1558, et une quittance de 3,000 florins donnée par Sickingen, le 23 avril 1559. (Carton 54, n°s 13-15.)

2. Le 30 septembre 1578, l'archiduc Ferdinand d'Autriche invite la régence d'Ensisheim à prendre des mesures contre une invasion française, et à songer à la défense du château de Hohkœnigsbourg. (Voir fonds de la régence d'Ensisheim J, n° 7, ou série C, 353, n° 7.)

kœnigsbourg une nouvelle période. Les Sickingen vont être remplacés par la famille de *Pollwiller* ou *Bollwiller*, qui ramène son origine légendaire jusqu'aux parents de St.-Apolla [1].

Rodolphe de Bollwiller, fils de Nicolas de Bollwiller gouverneur d'Inspruck, et d'une comtesse de Lichtenstein, remplissait au commencement du 17e siècle la charge de grand maréchal de l'archiduc Ferdinand. Il occupait déjà le val de Villé, à titre de gage autrichien; dans les négociations entamées avec les régences d'Inspruck et d'Ensisheim, au sujet de Hohkœnigsbourg, il faisait valoir comme motifs majeurs, que ses sujets du val de Villé étaient souvent obligés de se retirer en lieu de sûreté, que la ville de Schlestadt était trop éloignée, que Hohkœnigsbourg leur offrirait un abri, et que les sieurs de Sickingen n'avaient aucun intérêt à garder la forteresse [2].

Près d'une année se passa dans ces préliminaires : une longue correspondance entre les parties intéressées et le gouvernement autrichien en fait foi. Des commissions furent envoyées sur les lieux pour examiner l'état du château; les conditions de la cession des Sickingen, et celles à imposer aux nouveaux engagistes furent discutées en détail; et dans ces projets, la question des reconstructions et réparations occupe toujours une grande place.

La régence d'Inspruck (Haute Autriche) ayant demandé l'avis de la régence et chambre d'Ensisheim (22 janvier 1605) une

---

1. En 1135, le monastère de Goldbach fut fondé par Gerhard de Pollwiller. A la fin du 13me siècle, les Pollwiller figurent parmi les vassaux de l'Église de Strasbourg. En 1547, Jean de Pollwiller reçoit le titre de baron de l'Empire, il avait été grand-maître d'hôtel de Charles V, grand échanson du roi d'Espagne et président de la chambre impériale (mort en 1585). Son frère était Nicolas de Pollwiller et oncle de Rodolphe, dont il est question ci-dessus.

2. Lettre du sieur de Bollwiller à la régence d'Ensisheim, à la date du 4 janvier 1605. (Carton 54, n° 20.)

réponse de cette dernière (du 29 janvier 1605) déclare qu'en dehors de Brisach, il n'y a pas dans l'Alsace autrichienne de lieu plus sûr et plus fort que Hohkœnigsbourg; que le château domine et barre le pays du côté du Landgraben; qu'il importe de remettre en des mains amies une pareille localité, que M. Rodolphe de Pollwiller n'ayant pas d'enfant mâle, mais seulement deux filles, il fallait se réserver de les exclure, si leur père venait à mourir sans laisser de fils, « car il se pourrait, est-il dit, que ces demoiselles épou-
« sassent des personnes étrangères au pays, à l'empire
« romain et à la religion catholique. »

L'Archiduc Maximilien consentit au dégagement du château des mains des Sickingen à la date du 16 août 1605. Le principe était arrêté; restait maintenant à s'entendre définitivement avec les engagistes actuels. Je vous épargne le détail minutieux de ces préliminaires. François-Conrad et J. J. de Sickingen écrivent le 6 janvier 1606, de Fribourg, qu'ils avaient à prévenir leurs cousins, lesquels sont tous au service de plusieurs princes. Ils demandent à connaître le jour des conférences qui est préalablement fixé par la Régence au 3 avril.

Au procès-verbal de ces conférences d'Ensisheim (du 4 et 5 avril[1]), figurent deux Sickingen, M. de Stadion, deux MM. de Büst, dont l'un Obervogt de Thann, et quelques conseillers de Régence. Dans les considérants, les Sickingen déclarent qu'ils auraient, comme leurs pères, préféré garder le Hohkœnigsbourg, mais qu'ils ne veulent point s'opposer aux intentions de l'Archiduc. Ils se bornent à exprimer le désir qu'une partie du capital de rachat (14,000 florins) ne leur soit pas remboursée, mais demeure hypothéquée sur les baillages de Thann et de Landser[2].

1. Carton 54, nos 21 et 22.
2. En 1558, la dette contractée par l'Autriche vis-à-vis des Sickingen montait

On convint que l'on se rendrait le 10 avril suivant au château pour la visite des lieux, pour la confection de l'Inventaire et pour constater les réparations qui resteraient à la charge des Sickingen.

Le procès-verbal de la vente du 10 avril[1] fait connaître que «dans la vieille bâtisse, au-dessus du manège (Reitstall), une restauration de la charpente et des tuiles de la toiture, ainsi que l'établissement de gouttières, était indispensable; que le corps de logis principal, au-dessus des deux allées, avait la toiture endommagée, et exigeait la restauration avec du fer et du plomb; que les bardeaux recouvrant la citerne étaient en mauvais état, et qu'il fallait faire une provision de bardeaux à Villé; que le vent avait renversé la cheminée et commis des dégâts sur l'échauguette *auf dem Gugger*»; que les portes, les fenêtres, les poëles étaient en mauvais état; que le mur du parc ou Thiergarden (sic) était renversé.»

L'inventaire des munitions[2] et de l'artillerie du château n'est pas moins curieux.

Sur les remparts extérieurs *(auf dem Mantel)* se trouvaient à cette époque six fauconneaux neufs aux armes d'Autriche, un vieux canon ou fauconneau en fer, un mortier en pierre, huit hallebardes ou piques, une roue avec cordes; au corps de garde, sept vieilles arquebuses à croc en fer (*Doppelhacken*); douze arquebuses en fer, trois en cuivre, etc., etc.; quarante-six fusils de lansquenets en mauvais état; trente-cinq cornets à poudre, vingt-cinq petites boîtes à poudre; une vieille armoire pour les balles; dans la chambre aux farines, un moulin à bras[3].

---

déjà à 21,666 florins, tandis que l'engagement s'était fait en 1533 pour 13,000 florins.

1. Carton 54, n° 25.
2. Carton 54, n° 25.
3. Je n'indique pas tous les objets de ce long inventaire.

Dans un inventaire supplémentaire dressé le 15 septembre 1609[1], il est constaté que l'acquéreur ou le nouvel engagiste a fait conduire à Hohkœnigsbourg trois tonneaux de poudre, deux quintaux et demi de plomb, un demiquintal de mèches, six poëles ou chaudières à poix, une douzaine de mousquets; douze hallebardes, deux mille cercles ou tourteaux goudronnés (*pech-ringe*), commandés à Colmar. Il ne faut pas perdre de vue, que les dix années qui ont précédé la guerre de trente ans, étaient déjà fort agitées, que les troubles de Juliers allaient éclater, et que de part et d'autre on se préparait à la lutte.

A la date du 10 avril 1606[2], la convention finale entre M. de Sickingen et les commissaires impériaux pour le règlement des frais de réparation, est conclue; les Sickingen auront à payer 500 florins en y comprenant les décomptes antérieurs[3].

Cinq jours plus tard (15 avril 1606)[4], les mêmes commissaires signent la convention avec Rodolphe de Pollwiller. La Régence fournira sur-le-champ 600 florins, argent comptant, pour frais de réparation; 2,000 florins seront ajoutés au capital d'engagement; mais M. de Pollwiller aura à justifier de l'emploi de cette somme; il ne répond pas des cas fortuits ou majeurs, tels qu'armes ennemies, feu du ciel, ouragan, tremblement de terre; mais il est tenu d'aviser à tous les moyens pour empêcher la chute des grands piliers, en y faisant encastrer des pierres de taille, et il recevra 50 florins par an, pour frais de menues réparations.

---

1. Carton 54, n° 25.
2. Carton 54, n° 26.
3. Cet acte est signé par Fréderic Harsch, chancelier d'Ensisheim, Conrad d'Altendorf et J. Heckler, conseillers, et par les deux Sickingen, F. Conrad et J. Jacques, munis des pleins pouvoirs de la famille.
4. Carton 54, n° 27.

Au moment de faire place aux nouveaux acquéreurs, les Sickingen déposèrent à la date du 11 avril[1], à l'avouerie d'Oberbergheim, un urbaire où se trouvent consignés les revenus et les rentes du village d'Orschwiller qui relevait du château[2].

Le 18 avril 1606[3], la Régence d'Ensisheim transmet à celle d'Inspruck un rapport sur la prise de possession de M. de Pollwiller. Soixante-quinze habitants d'Orschwiller, y est-il dit, prévôt, jurés et commune étaient réunis devant les murs de Hohkœnigsbourg, et ont prêté foi et hommage au nouveau seigneur engagiste, à haute voix et en levant la main (*mit Mund und Hand*), et en invoquant Dieu et tous les saints (*zu Gott und allen Heiligen*).

Le nouveau seigneur, de son côté, a promis à ses vassaux assemblés sous la voûte du ciel, de les protéger envers et contre tous, d'être leur fidèle magistrat et en quelque sorte leur père, auprès duquel ils puissent trouver en toute circonstance, consolation, secours, recours et assistance. Quant aux récalcitrants, on saurait aussi en faire façon (*da hatt es seiner weg, und würde man sich gegen die selbigen auch der Gebür zu erzeigen wissen*). Il les priait tous avant toutes choses, de se conduire comme il convient à des hommes d'honneur et à de fidèles sujets, dans l'amour du Seigneur Dieu; ceci étant, il n'avait point de doute qu'ils

---

1. Carton 54, n° 28.
2. L'acte de vente relatif à tous les biens situés autour de Hohkœnigsbourg et du château avait été passé à la date du 5 avril précédent. Il portait sur une maison avec pressoir à Orschwiller, sur beaucoup de vignes et de rentes, le tout au prix de 3,200 florins. Rodolphe de Pollwiller y est désigné comme baron de Pollwiller et dans le val de Villé, seigneur de Marmoutiers, Hilikensperg (sic), Blumberg, conseiller de Sa Maj. Impériale, commandant supérieur et préfet (*Landvogt*) des pays antérieurs de l'Autriche. L'urbaire sus-relaté fait mention de mines d'argent (*Silbergruben*) près d'Orschwiller. (Carton 54, n° 22.)
3. Caston 54, n° 29.

ne vécussent ensemble en bonne affection réciproque, ayant une seule et même tendance, de manière à acquérir après cette vie passagère la vie éternelle.

Après ce discours cordial, qui est l'expression naïve de ce que j'appellerai, sans hésiter, le côté patriarchal de la féodalité, Rodolphe de Pollwiller donna à ses nouveaux vassaux six mesures de vin à consommer entre eux en temps opportun (*zu gelegner Zeit*).

La cérémonie de prestation de foi et hommage étant terminée, on inspecta les bâtiments, puis vint le tour du déjeuner seigneurial, puis l'inspection des munitions et des engins de guerre, d'après l'inventaire dressé en 1582 par les conseillers de la régence d'Ensisheim, Jean-Henri de Reinach et Laurent de Heidegg; enfin le nouveau propriétaire se fit présenter les anciens documents relatifs à Hohkœnigsbourg, et l'on délivra à la fin de cette journée, le prix de rachat ou *pfandschilling* aux Sickingen.

Le procès-verbal, auquel j'ai emprunté ces détails, contient aussi des remarques sur les frais de réparations qui, de prime abord, sembleraient trop considérables si l'on ne tenait compte de la difficulté du transport des matériaux.

Six mois après cette cérémonie d'installation, M. de Pollwiller entame déjà une correspondance assez vive avec la Régence d'Ensisheim sur les réparations que nécessite le château[1]. Il rappelle que les Sickingen ont constamment signalé les dégradations de Hohkœnigsbourg à la chambre d'Ensisheim, sans obtenir aide et assistance, puisque l'on se disputait sur la répartition des frais; que les délais étaient interminables, et que si l'on obtenait quelque chose, la confection était mauvaise, grâce à l'égoïsme des architectes qui ne cherchaient que leur profit; qu'à raison du site

---

1. Lettre du 22 septembre 1606. Carton 54, n° 29.

exceptionnel de cette maison au haut de la montagne (*Berg-Haus*), où chaque jour, chaque heure de retard, fait péricliter l'ensemble, les dégradations étaient arrivées à un point extrême.

Après avoir récapitulé ce dont on était convenu, Rodolphe de Pollwiller continue en ces termes : «Quant à ce qui concerne les réparations journalières du château, MM. de la Régence en connaissent la qualité et la situation; ils savent qu'il faut tenir à toute heure la bourse ouverte et les yeux ouverts; que sur une montagne aussi élevée, on construit avec beaucoup de frais et de peine; que la toiture, quoique souvent restaurée, tombe; qu'il y a six portes et ponts-levis à réparer, que les voûtes périclitent partout; qu'il faut les défaire et refaire (*abtragen und remediren*); que le mur d'enceinte et de défense (*zwingmauer*) est sur le point de chuter, et se trouve en ruines sur plusieurs points; qu'accorder cinquante florins par an pour tout cela était une dérision.

Puis il rappelle que le titre d'engagement (*der Schuld und Pfand brief*) est simplement écrit sur du papier et muni du petit sigille; il exige que cet acte important soit transcrit sur du parchemin et soit muni du grand sceau.

Il termine par des objections sur la partie du texte relative au Burgvogt (gouverneur ou administrateur du château), qui devra être agréé par Son Altesse Sérénissime et professer la religion catholique. MM. de Sickingen, dit-il, n'ont jamais été obligés de souscrire à cette condition; il serait sinon impossible du moins difficile de référer, en certains cas, à la cour ou régence archiducale, pour la nomination du burgvogt, et il demande à être traité sur le même pied que les Sickingen.

Dès le 28 septembre 1606[1], la Régence d'Ensisheim

1. Carton 54, n° 29.

transmet à la régence d'Inspruck un rapport sur la situation de Hohkœnigsbourg; mais il paraît que les demandes de M. de Pollwiller donnèrent lieu à de longs débats, car le 9 juillet 1607[1], on accorde un délai pour les grosses réparations; quant à la nomination du Burgvogt, M. de Pollwiller (est-il dit dans la dépêche de la Régence d'Inspruck), ayant promis de présenter ses candidats aux deux régences, on se contente de cet engagement, en vue de la loyauté bien connue de l'engagiste, qui ne prendra sous ses ordres que des employés dévoués à la maison d'Autriche[2].

Pendant le peu d'années où Rodolphe de Pollwiller est seigneur engagiste de Hohkœnigsbourg, il est en lutte à peu près permanente avec la Régence autrichienne pour affaires de restaurations, de reconstructions, et pour délivrances de titres.

A la date du 11 août 1608[3], il écrit à M. de Stadion pour le prier de venir lui-même, en place et lieu du chancelier, à Hohkœnigsbourg, où devaient avoir lieu, le 20 du même mois, des conférences avec MM. d'Aldendorf et Heckler, conseillers de régence, et avec le capitaine Barthelemy Bysanzer. Ce dernier personnage était bailli à Dattenried; il reçoit le 15 août un ordre direct de la Régence de se trouver le 20 au soir au plus tard à Hohkœnigsbourg. Il y arrive en effet, comme il appert d'un compte rendu adressé par les commissaires à la Régence (du 21 août). M. de Pollwiller leur fait faire dès le jour de leur arrivée le tour des murs, et le lendemain on leur montre l'intérieur des bâtiments. Le capitaine indique les améliorations à faire, les tranchées à pratiquer

---

1. Carton 54, n° 32.
2. Dans l'intervalle, c'est-à-dire, vers la fin de 1606, l'archiduc Maximilien avait émis des lettres d'investiture en faveur de M. de Pollwiller. Lettres archiducales du 22 décembre; les lettres reversales de M. le comte de Pollwiller sont du 31 décembre 1606. (Carton 54, n°s 30 et 31.)
3. Carton 54, n° 34.

(*die Laufgræben*), de manière à pouvoir établir une défense croisée (*dass ie eins auf das andre orth streichen und hilf leisten kœnnen*); enfin les plans, devis et modèles à dresser, pour que le tout soit exécuté à l'aide du Tout-puissant et en vue du bien du pays et du gouvernement. On convient qu'il sera nécessaire de placer sur le corps même du bâtiment un ou deux canons, destinés à défendre la porte; de faire l'acquisition de poudre, de salpêtre, de soufre, de cercles à poix goudronnés, d'une douzaine de sceaux à incendie, de mousquets, de cuirasses, de hallebardes, de lances, etc., etc. . . . et il paraît que suite fut donnée à ces projets, car un accusé de réception d'André Hilteprandt, employé rédacteur de M. de Pollwiller, à la date du 17 septembre 1609, constate la livraison de plusieurs de ces objets.

Le gouverneur cependant n'est pas à bout de ses réclamations; en mai 1610, il demande une décision au sujet de l'exécution du modèle des fortifications, et une assignation sur le receveur général de Bergheim, pour la restitution des frais de garde. A ce propos, Rodolphe de Pollwiller rappelle que depuis le 4 avril dernier il a enrôlé six nouveaux soldats, à 6 fl. par mois; enfin le 14 mai, il transmet la quittance des frais de garde, et de la solde de sa petite garnison (325 florins).

Dans le courant de juillet, il insiste vivement sur le paiement de nouveaux déboursés, et sur l'envoi de munitions, d'approvisionnements, tels que des choux, du plomb etc. : il a besoin de quarante hommes de garnison, en vue des temps difficiles [1].

A la date du 21 juillet (1610) la régence accorde les munitions demandées, mais seulement douze hommes de renfort de garnison; elle référera pour le surplus à S. A. S. l'archiduc Maximilien lui-même.

1. Les lettres du 11 juillet sont datées de Schlestadt.

Je tomberais dans les redites, en analysant toute cette correspondance de M. de Pollwiller qui roule sans exception et sans relâche sur le même objet : la nécessité de mettre Hohkœnigsbourg dans un état de défense respectable.

La discussion sur les parchemins à livrer se termine en 1613 seulement. A la date du 5 mars, M. de Pollwiller promet de livrer les titres à Pâques ; et il saisit cette occasion pour réclamer avec vivacité les arrérages de rentes sur la recette d'Oberbergheim pendant les années 1609 à 1613.

Nous touchons à une nouvelle phase dans l'histoire du château, qui, au moment même où la guerre de trente ans va éclater, passe des mains de Rodolphe de Pollwiller dans celles de son gendre, le comte Jean Ernest de Fugger, seigneur de Kirchperg et Weisenhorn, de la célèbre famille des banquiers d'Augsbourg, amis de Charles-Quint.

M. de Pollwiller était mort en 1617 probablement ; car cette même année, à la date du 1er décembre[1], l'avoué ou administrateur du val de Villé (Nicolas de Wilersberg) représente à la régence d'Ensisheim que son maître M. de Fugger est débiteur envers le directoire de la noblesse ou le corps de la chevalerie d'une somme considérable et qu'il a un besoin instant de récupérer les 1,350 florins que le gouvernement autrichien lui doit pour achat de munitions et frais de garde de Hohkœnigsbourg.

Ces réclamations continuent jusqu'en 1621 ; le comte Fugger écrit à plusieurs reprises[2] ; il rappelle qu'il reste encore des comptes à régler avec M. de Sickingen, et avec la famille de feu son beau-père.

La chambre d'Ensisheim, elle-même embarrassée, donne de bonnes paroles ; tantôt elle prescrit au receveur d'Ober-

---

1. Carton 54, n° 35.
2. Lettres du 6 mars et 5 septembre, cette dernière datée de Fridsberg. (Cart. 54, n° 35.)

bergheim de payer; et celui-ci, faute d'argent, n'exécute pas les ordres; tantôt elle prie le comte de Fugger d'attendre au milieu des conjonctures si graves de la guerre [1].

En 1628, il y a recrudescence dans les plaintes du comte de Fugger. Avait-il reçu satisfaction, dans l'intervalle, quant à ses anciennes prétentions? il est permis d'en douter en lisant les termes d'une lettre du 29 août 1628, qui porte non-seulement sur les frais de garde de Hohkœnigsbourg, mais sur les intérêts arriérés d'une créance de 1,800 florins hypothéqués sur Oberbergheim, et sur 1,000 sacs de céréales, fournis à la régence au moment des troubles de Mansfeld. Cette avoine a été donnée à très-bas prix *(à 3 florins, soit deux rixdaler par sac)* et en la livrant, il s'est confié, ajoute-t-il, *fidei et custodiæ ipsorum* [2].

A cette réclamation est joint un certificat de Jean Balthazar Blech, adjudant et maître des approvisionnements à Schlestadt, qui atteste à la date du 1er juin 1622, que cent sacs d'avoine ont été livrés par Nicolas de Weylersperg, bailli du val de Villé et receveur du comte de Fugger.

Le 6 septembre 1630, la régence fait prendre des informations très-confidentielles auprès de l'avoué de Bergheim sur l'urgence des réparations à faire à Hohkœnigsbourg. Pendant la première période de la guerre de trente ans le château n'avait pas été directement attaqué, quelles qu'eussent été les craintes d'ailleurs très-fondées que manifestait le gouverneur engagiste dans sa correspondance. Les hordes de Mansfeld n'avaient eu ni le temps ni l'occasion de tenter un coup de main contre cette forteresse; mais il ne devait plus en être de même, lorsque les Suédois envahirent l'Alsace pendant la seconde moitié de cette guerre fratricide.

Au printemps de 1633 le château fut investi par un corps

---

1. Lettre du 29 mars 1620, signée par M. de Falkenstein et Munckh. *(Ibidem.)*
2. Ces mots sont insérés en latin dans le texte allemand.

de siége que commandait George Sébastien Fischer, *Colonel-Wachtmeister* du régiment Hubalt. La défense du château était confiée par la régence d'Autriche, alors réfugiée d'Ensisheim à Brisach, au capitaine commandant *Philippe de Lichtenau*. A la date du 4 juin (1633) la régence, en réponse à une lettre du 2, lui recommande de tenir la maison en bon état de défense, de ne pas se laisser intimider par les menaces de l'ennemi. Nous allons voir à l'instant même, combien une recommandation de ce genre était superflue auprès d'un homme de la trempe de Lichtenau. La régence assure qu'elle est très-disposée à lui venir en aide par l'envoi d'un artilleur *(constabler)*; mais qu'elle entendait demeurer juge des moyens pour faire passer ce secours. Le commandant Lichtenau avait, à la date du 2, annoncé la prise d'un capitaine suédois du régiment Solms; on lui enjoint de bien garder ses prisonniers et de renvoyer la partie adverse à Brisach, si les propositions d'échange étaient faites.

Le secours annoncé a-t-il pu s'effectuer ? Il paraît que non: car, à la date du 15 juillet, le colonel suédois Fischer adresse de la batterie dite: *Fischerschantze*[2] devant Hohkœnigsbourg, une sommation à son adversaire, le commandant Lichtenau : « J'ai reçu, est-il dit dans cette lettre transcrite
« sur un mauvais chiffon de papier, j'ai reçu de mon général
« la mission de réduire le château sous la domination suédoise
« *(zur schwedischen devotion zu bringen)* et d'exhorter, une
« fois pour toutes, les troupes qui y sont cantonnées, d'éviter
« leur perdition et leur ruine. — En conséquence, il fait
« connaître au commandant et à ses gens la volonté de son
« Excellence, savoir, que si dans l'espace de six heures à

---

1. Carton 54, n° 36.
2. Cette batterie a dû être située soit du côté sud, soit à l'ouest de Hohkœnigsbourg. — Une vieille gravure du 17e siècle, représentant le bombardement du château, montre les boulets traçant leur parabole dans la direction indiquée, c'est-à-dire, du midi au nord, vers l'un des flancs du château, et de l'ouest à l'est.

« partir de ce moment, la garnison veut bien quitter la dite
« maison et chacun se retirer chez lui, il leur en octroye-
« rait la permission, *par grace*, et que chacun serait traité
« de même que les autres personnes vivant sous la protec-
« tion suédoise; mais que, dans le cas où ils seraient opi-
« niâtres, ne pouvant cependant tenir à la longue, ils seraient
« traités et poursuivis comme rebelles par le feu et le glaive,
« et n'obtiendraient ensuite à tout jamais *(in Ewigkeit)*,
« aucune espèce d'accord, mais seraient expulsés comme de
« méchants révoltés, de leurs cours et maisons, avec enfants,
« petits-fils et parents et *pendus* ensuite par le *bourreau* au
« haut des murs. »

Le commandant autrichien répond le lendemain (26 juillet nouveau style) dans les termes suivants : « On répond suc-
« cinctement à la sommation écrite qui a été adressée à
« notre forteresse par le colonel George Sébastien Fischer :
« que les ordres reçus ne prévoient point un cas pareil, et
« qu'il n'est point en notre pouvoir d'entrer en pourparler
« sur l'un ou l'autre de ces points ; en conséquence pour
« en référer à qui de droit, nous demandons un armistice
« de six semaines.

Le commandant Lichtenau aux abois ne pouvait faire meilleure contenance, ni répliquer d'une manière plus simple et plus digne aux menaces suédoises.

Le 8 août 1633 il fait connaître à la régence siégant à Brisach, l'état de détresse où il est réduit ; il rappelle « que du 17 au 25 juillet les ennemis ont vivement assiégé le fort ; qu'après la demande d'un armistice à la date du 26, aucune trêve n'avait été accordée ni de jour ni de nuit; que les tranchées touchaient à la porte ; que le château était si bien cerné, qu'il n'y avait plus moyen d'y pénétrer sans danger de vie; que la défense avait été conduite avec le zèle que lui inspiraient vingt-trois années de fidèle service, mais qu'il serait grand temps de porter aide et assistance à la forteresse réduite à la dernière extrémité; que le colonel Étienne Wernenni serait chargé sans doute de cette mission. »

Puis le commandant de Lichtenau entre dans des détails sur le mal que du haut des murs on a fait aux hommes et au canon de l'ennemi; mais les dégâts, ajoute-t-il, étaient immédiatement réparés. Enfin il déclare avoir fait l'impossible et demande, avec l'humilité d'un sujet fidèle, à ne pas tomber en disgrâce.

Il informe aussi la régence des mauvaises dispositions de la commune d'Orschwiller qui veut s'accommoder avec les Suédois.

La Régence s'émeut à la fin de la situation désespérée du brave commandant Lichtenau; elle veut au moins l'encourager, le calmer par de bonnes paroles; elle lui annonce, à la date du 6 août 1633 qu'une troupe considérable, à pied et à cheval, se réunit dans le pays de Souabe, qu'il n'a qu'à se défendre vaillamment et compter, à raison de ses fidèles services, sur la gratitude de la maison d'Autriche. On l'engage surtout à donner du cœur aux habitants d'Orschwiller dont la supplique désespérée et désespérante se trouve jointe à la correspondance. Dans le préambule de cette pétition, le magistrat local déclare que la commune était réduite à la mendicité. C'était là, au surplus, la situation de la plupart des villages d'Alsace à cette époque.

Depuis trente-neuf semaines, y est-il dit, les habitants ont été mis en réquisition permanente à Hohkœnigsbourg, pour coupes de bois et autres fournitures; que depuis neuf mois, chaque jour, douze habitants d'Orschwiller montent la garde à leurs frais, au château; qu'en fin de compte, ils ont été obligés d'abandonner complétement le village et de se retirer avec femmes et enfants, corps et biens, à Hohkœnigsbourg; qu'en attendant, l'ennemi avait fait invasion à Orschwiller ; qu'il avait brûlé l'église, une partie des maisons et des granges ; que dans les demeures et les champs, tout avait été mis au pillage, et que l'ennemi menaçait de tout incendier, si les habitants ne retournaient dans leurs domiciles.

Les malheureux demandent des instructions en toute humilité. Que devons-nous faire ? Ils ne demandent pas mieux que de rester sous la gracieuse domination autrichienne ; mais partout ils seront repoussés par l'ennemi qui veut les forcer à rentrer dans leur gîte.

Le 25 août 1633, le commandant de Hohkœnigsbourg écrit une lettre de détresse à la Régence réfugiée à Brisach. Il annonce que « les habitants d'Orschwiller sont en pleine sédition et ne veulent plus faire le service de garde ; que toute exhortation a été inutile ; qu'à la date du 12 juin M. le colonel Etienne de Wernenni avait amené trente-neuf Lorrains à la garnison, et avait promis, en cas de nécessité, d'accourir au secours de la forteresse, avec hommes et approvisionnements ; que le moment suprême était venu ; qu'il n'y avait plus, dans la forteresse, que de l'eau et du pain (*das liebe Brod*), et vingt hommes du Val de Villé, qui commençaient aussi à se montrer mal disposés ; que lui était bien résolu à se défendre, à toute extrémité, avec une petite poignée d'hommes fidèles, mais qu'il demandait cependant à savoir s'il pouvait compter sur le secours du colonel Wernenni. »

Au moment même où il écrit à la Régence, il reçoit une nouvelle sommation du colonel Fischer, et il annexe la copie. Cette lettre du Suédois est écrite en style plus modéré que la première du 25 juillet, mais de nature cependant à intimider tout homme dont le cœur aurait été moins haut placé que celui de Lichtenau.

Le colonel Fischer lui dit que le duc de Lorraine est

battu, chassé de toutes ses positions, et dans l'impossibilité de porter secours au château; que la garnison elle-même ne devait pas se barrer le chemin du salut; que le commandant Lichtenau et le bailli (probablement le bailli de Villé), s'ils se rendaient sur l'heure, pouvaient encore compter sur un accord raisonnable; mais que dans le cas contraire, ils devaient, en gens qui connaissent les choses de la guerre, savoir à quoi ils s'exposeraient par leur obstination.

Le commandant Lichtenau répond catégoriquement comme la première fois (lettre du 25 août) : «qu'il n'y avait pas moyen de s'entendre, vu que l'armistice demandé en juillet n'avait pas été accordé, et que lui, Lichtenau, n'avait par conséquent pu en référer à la Régence d'Autriche; que maintenant il réitérait cette demande, puisqu'il ne pouvait rendre le fort sans un ordre de son souverain.»

Le 27 août, la Régence de Brisach mande au duc de Lorraine la situation de Hohkœnigsbourg, et lui démontre la nécessité de venir au secours des braves gens enfermés dans la forteresse.

Le même jour, la Régence écrit au burgvogt (gouverneur) de Hohkœnigsbourg; on essaie de lui inspirer confiance dans l'avenir, en lui annonçant derechef que «sur les bords du lac de Constance, un corps de troupes espagnoles et impériales, fort de 20,000 hommes se réunissait; qu'un autre secours viendrait dans une autre direction; que dans quinze jours il serait hors d'embarras; que l'on serait en mesure de tenir tête partout à l'ennemi; que le gouverneur de Hohkœnigsbourg devait sermonner les habitants d'Orschwiller et du Val de Villé; qu'ils seraient récompensés de leur fidélité, mais punis comme rebelles, s'ils s'accommodaient avec les Suédois, parce que de cette manière ils contribueraient, pour leur part, à la reddition de la place.»

La Régence ajoute que « M. Annibal de Schauenbourg[1] était chargé d'aviser le duc de Lorraine, qui ne se trouvait pas du tout dans la situation fâcheuse indiquée par le commandant suédois, et attendait au surplus du jour au lendemain, des secours des Pays-Bas; que les Suédois venaient d'être battus entre Pfaffenhoffen et Haguenau[2], où ils avaient perdu 2,500 hommes d'infanterie. »

« Si, comme on le présume, il reste quelques provisions de viande salée au château, on devait en faire la distribution aux sujets d'Orschwiller et de Villé, pour les tenir en bonne disposition. »

Ici se termine la correspondance; le secours annoncé n'arriva probablement pas, et tout porte à croire que le château fut obligé de se rendre dans le courant de l'automne, et que ses fortifications furent démantelées. Je n'ai au surplus pu découvrir aucune donnée précise ni sur cette reddition ni sur l'époque de la destruction du château.

Chemnitz, dans son histoire de la guerre de trente ans (t. II, p. 127), énumère les troupes que le Rhingrave J. Philippe, qui occupait en mai 1633 le Val de Villé, envoie dans la direction de Hohkœnigsbourg (*auf den Steeg*), sous la conduite d'un colonel Scharff; mais il ne parle point de la reddition du fort. Schœpflin ne donne aucun détail sur le siége de Hohkœnigsbourg, et ne nomme ni Fischer ni l'intrépide Lichtenau; il se borne à dire qu'en mai 1633,

---

1. Chevalier de l'ordre de Saint-Jean, général distingué pendant la guerre de trente ans, engagiste de la seigneurie de Stauffen dans le Brisgau. (Voir Schœpflin-Ravenèz, V, p. 760-761.)

2. Ce renseignement était en partie erroné : les Suédois n'avaient pas été entièrement battus à Pfaffenhoffen. La cavalerie de Birkenfeld seule n'avait pas résisté au choc des cuirassiers impériaux, mais ces derniers furent refoulés par l'infanterie suédoise, commandée par De Rantzow; et l'infanterie lorraine subit une déroute complète; neuf cents hommes périrent pendant et après le combat. (Voir Strobel, histoire d'Alsace, IV, p. 554 et 555.)

les *Suédois tentèrent le siège du château*[1]. Schœpflin affirme de même, mais sans fournir de preuve ultérieure, qu'après la paix, c'est-à-dire en 1648, le Roi de France conféra de nouveau le château de Hohkœnigsbourg, à titre de fief royal à la famille des Sickingen.

Un fait avéré, c'est qu'en 1756, au moment de la vérification des titres féodaux d'Alsace par le conseil des fiefs, M. le baron Ferdinand Sébastien de Sickingen, président de la noblesse des pays antérieurs d'Autriche, en résidence à Fribourg, était en possession du château de Hohkœnigsbourg et fut mis en demeure de produire ses titres[2].

En 1770, Hohkœnigsbourg et Orschwiller passèrent à la famille de Boug qui prit dès lors le nom de Boug d'Orschwiller, et en était encore propriétaire en 1830.

En jetant un coup d'œil rétrospectif sur les faits qui viennent de se dérouler devant nous, et sur les personnes dont le nom se rattache aux murs maintenant effondrés de Hohkœnigsbourg, quels sont les événements, quelles sont les individualités qui ont quelque droit à rester fixés dans votre mémoire? Vous avez vu le château, fief lorrain d'abord, passer aux évêques de Strasbourg, puis à la maison d'Autriche, enfin à la maison royale de France. Comme feudataires de ces puissances diverses, les de Werde, les d'Œttingen, les Thierstein, les Sickingen, les Pollwiller, les Fugger ont tour à tour occupé le château fort, soit eux-mêmes, soit par des gouverneurs. Une dramatique prise de possession par Rodolphe de Pollwiller a un instant, j'ose l'espérer, captivé votre sympathie; mais, je le dis avec regret, de tous ces noms, les seules individualités qui ressortent avec un caractère fortement trempé, ce sont les

---

1. Voir Schœpflin-Ravenèz, IV, p. 461.

2. Il résulte des notes des dossiers de l'Intendance que la seigneurie rapportait alors la modique somme de 800 florins. (Carton 54, n° 37.)

deux commandants autrichien et suédois qui, en 1633, se trouvent face à face : c'est aux pieds des remparts le colonel Fischer, fier comme l'étaient à cette époque tous les guerriers sortis de l'école de Gustave-Adolphe; et dans l'intérieur des murs, le brave Lichtenau, le modèle du sujet loyal, de la valeur calme et modeste.

En seconde ligne vous trouvez l'ingénieur aventureux du 16º siècle, Albert de Berwangen, qui se fait fort de prendre mais qui n'a pas pris le château, enfin le fils de l'ammeistre de Strasbourg, qui joue dans la seconde moitié du 15º siècle, un rôle peu honnête, mais inouï d'insolence, et qui lui aurait valu en d'autres temps un asyle sur les galères du roi.

Je n'ai jusqu'ici pu découvrir aucun document relatif à la situation matérielle de Hohkœnigsbourg à partir de la guerre de trente ans. Le château a-t-il encore été habité par intervalle, et la ruine n'a-t-elle été complète qu'à partir de la révolution de 1789? je l'ignore; ce qui est certain, c'est que la dégradation qui s'est faite sous nos yeux a été rapide et désolante.

« Une forêt de plantes grimpantes d'arbres et d'arbrisseaux
« couronne d'un feston de verdure les créneaux de cette
« antique forteresse; partout dans les interstices des pierres
« de taille, le lierre parasite a jeté ses bras tenaces, le bou-
« leau agite au haut des murs son élégant panache, et le
« pin mélancolique pleure au sommet de cette grandeur
déchue[1].

Et maintenant, Messieurs, qu'un tribut a été payé à l'histoire, au passé, à la réalité, permettez, qu'une minute soit consacrée au rêve. Je sais que le vœu que je vais émettre n'est point réalisable et ne sera point réalisé, car les exi-

---

1. Encyclopédie des Gens du Monde, t. XII, p. 133.

gences matérielles de chaque jour sont trop grandes pour laisser place à la fantaisie . . . Mais s'il est loisible parfois de construire des châteaux en Espagne, pourquoi ne pas élever, pourquoi ne pas restaurer, dans la pensée, sur des assises encore debout, un magnifique château princier « au « haut de la pyramide gigantesque dont les premiers chaînons « des Vosges forment le soubassement[1]. »

Figurez-vous un seul instant, Messieurs, le Hohkœnigsbourg relevé de ses ruines, et transformé non en château fort contre l'ennemi, mais en pacifique musée du moyen âge . . . quelle affluence de promeneurs français et étrangers ! . . . quel pèlerinage d'artistes, de poëtes, de penseurs vers cet asyle rouvert au culte du passé ! quel concert d'admiration de tous et de chacun, en planant, du haut des balcons ou des parapets rétablis, au-dessus de ce beau pays, que nous appelons avec quelque orgueil légitime *notre Alsace*, où d'un seul regard vous embrassez une immense étendue, un tableau dont les Alpes, la Forêt-noire et nos montagnes indigènes forment la bordure et où, dans un cadre plus restreint, notre œil erre du *champ du mensonge*, théâtre d'iniquité, de révolte contre nature, point de départ du démembrement de l'empire carlovingien, vers cette montagne de Hohenbourg consacrée par onze siècles de prières et par une vierge, modèle de soumission filiale, souvenir qui réunit tous les respects, toutes les adorations, et devant lequel s'inclinerait le musulman lui-même, s'il entendait le récit de cette pieuse légende[2].

1. Encyclopédie des Gens du Monde.
2. L'architecture du château de Hohkœnigsbourg fera l'objet de communications ultérieures. La notice dont l'auteur a donné lecture dans la séance du 11 février 1856, a été écrite au cœur de l'hiver, sur la demande du fondateur de la société, et l'on n'a pu vérifier immédiatement sur place quelques points obscurs.

Lettre de Jacques de Fleckenstein, Unter-Landvogt ou sous-préfet de Haguenau, à l'Électeur Philippe, comte-palatin du Rhin.

Durchluchtiger hochgeborener furst und here Euern furstlichen gnaden sieen myn underthenig willig schuldig diennst allzitt gehorsamlich zuvor Gnedigster here, Ewer gnade hatt myn vetter Caspar des vogts sone zu Wissenburgk thun schribenn, gernst von Heidelbergk zu kommen, wiewol Ich den bitzhær Inn Ewerer gnaden diennst by den Rutern zu Barr, wider E. g. fynde zu Konigspergk gebrucht hab, do man sin notturftig were, hab ich doch den nit wollen hiobenn behalten, ewer gnade bittende, so erst es sin mag inn wider haruff zu schickenn, dann ich hab Balthasar von falckenstein den Rutern zu ein houbtman zu geben und als sie beide einander nohe verwandt, schickent sie sich wol zusammen und arbeiten die sachen mit ernnst, truwlich dann zu fusz dann zu Rosz. E. g. hatt auch gut alt knecht die sich ir wol vermogen. Gnedigster here *Ich hab die beiden und Albrecht von Berwangen der Fuszknecht houbtmann, lossen das alt slosz* by konigsperg noch notturft besehenn, das mir vormals alwegen mit unglicher reden, angezeigt ist, das sie umb mittag inn eim nebel durchgangen sint, do dunkt mich gut sin, das E. g. Casparn eigentlich verhœre, Inn bysin E. g. werckh und Buchszenmeister, Ich hab In deszhalb eins tags vor, Inhalt E. g. schrifft zu eweren gnaden bescheiden, und nach mym beduncken, so wurde man als sicher inn demselben slosz ligen als in dem Nuwen, wan man den mantel umbwarff, den sie meynen, mit ir grossen Buchssen Inn das alt slosz zufellenn. Ich hab auch vernommen, wan sie die selb Buchsz schiessen, das sie onn eim tag die Kum wider geleggen mœgen, so sint vier hoher uberzwercher Muren Im alten Slosz den sie mit dem andern geschutz kein schaden thun mogen. Das alles und was not ist, hatt E. g. eigentlich an im zu erfaren und uffzeichen zu lassen. zudem Ich E. g. Ich hieby schick, wie mir Albrecht vonn Berwangen desshalben schribt, unnd ist zu besorgen das sie das alt slosz selbs innemen werden, wann sie wettershalb do inn blibenn mogenn, sollichs gib ich E. g. Im bestenn zu erkennen. Gebenn uff den sontag letare anno 1504. —   E. f. G.
                    underlantfaugt In elsas
                    Jacob vonn Fleckennstein

Au dos : dem durchluchtigen hochgebornnen fursten und heren
heren Phillipszen pfaltzgraven by Rine Ertzdruchsess und Churfurst etc. etc.
minem gnedigsten herrnn.

Et d'une autre main, avec une encre plus pâle : an Caspar von Rechberg wider hinuft zu schicken.

Lettre ou rapport d'Albert de Berwangen à Jacques de Fleckenstein.

Dem Lantfaugt [1].

Des alten slosz unnd Bolwerks halben ist myn meinung als ir die ungezwifelt auch finden werden, das der ytzig kost, so myn g. h. (gnediger here) hatt zu Rosz une fusz, gar kum den kriege riechte, auch mynem gnedigen heren lutzel nutz, oder den finden abgebrochen wurt, dann wo in ein Buebe erstochen oder gefangen wurt, so lauffent jj (zwo) hienuff man schickt sich dann darin, das man Innen nychts zugeen liesz, und sie auch understand darinn zu behalten. Das mag myner meinung nach und als ichs gnau tags und nachts besichtiget hab, nit bass gescheen, dan wo anders myn gnedigster here nit mit versicht, das es Im durch ander lut dan durch die von Konigspergk gewert werde. Wann er dann hett II oder III hundert man und der merteil Bur ouch Bouwenmeister, werklut und zimmerlut, so mag er das alt slosz innemmen une geschutz darin bringen, slangen und derglich geschutz, allem, mag gon Konigspergk schissen in die porten, und uffviel weren, mag mag *(sic)* auch uss dem slosz, uff den zimmerplatz und uff dryg oder vierwege schiessen, man muss aber in dem mitteln stock einen darras von starken brœmen machen, darunter man bliben mag, vor vallen Wann sie mit iren buchszen an die muren schiessen werden auch mocht man uff demselben darras ein umblouffende were machen, und hett man auch die vorderst mure gegen dem rechten slosz bevor vor irem geschutz, dan der muren sind vier vor einander, und ist myn meynung das man wol mit hohen schragen und hochwellen, daran gelent, hinder den man ein Schantzgraben, mecht von dem alten slosz den Berg hienab gegen Sant Bildt, damitt man und in dem man vor allem geschutz sicher ging, bitz in ein Blockhus, vermeint ich zu machen, das dabey sicher vor allem irem geschutz, und man Inen uss dem selben Blockhus mit geschutz drig oder vier weg wert und man dan lut an den beiden orten het ligen mit gutem geschutz, dermitt wer Innen aller wandel gewert, sie mochten auch zu keinem brunnem usserthalb des sloss kumen, es were auch aller furschub, kuntschafft, bottschaft, und warnunge, so sie uss allen flecken und Dorffern, bitzher gehabt, entnommen. Aber das alten sloss halben, das must by zitt geschehen dann ich hab ware kuntschafft, als bald si wetters halben bliben, das sie es mut haben selber inzunemen, ir werden auch fynden das ich uch an keinem ende liegen will. Geben uff Dornstag nach Gregorii anno 1504.

Albrecht von Berwangen houbtmann.

1. Copie transmise par l'Unterlandvogt à son maître l'Electeur-Palatin.

www.ingramcontent.com/pod-product-compliance
Lightning Source LLC
Chambersburg PA
CBHW070703050426
42451CB00008B/469